DINO HISTORIAS

DIPLODOCO

DINOSAURIO COLA DE LÁTIGO

ROB SHONE
ILLUSTRADO POR TERRY RILEY

OCEANO Travesía

Editor de Océano Travesía: Daniel Goldin

DIPLODOCO. DINOSAURIO COLA DE LÁTIGO

Título original: Diplodocus. The whip-tailed dinosaur

Tradujo Juan Elías Tovar de la edición original en inglés de David West, Londres

© 2009, David West Books

D.R. © Editorial Océano S.L.
Milanesat 21-23
Edificio Océano
08017 Barcelona, España
www.oceano.com

D.R. © Editorial Océano de México, S.A. de C.V.
Blvd. Manuel Ávila Camacho 76, 10º piso
Col. Lomas de Chapultepec, Del. Miguel Hidalgo,
Código Postal 11000, México, D.F.
www.oceano.com.mx

PRIMERA EDICIÓN

ISBN: 978-84-494-4485-2 (Océano España)
ISBN: 978-607-400-607-0 (Océano México)

IMPRESO EN ESPAÑA / *PRINTED IN SPAIN*

9003273010312

CONTENIDO

¿QUÉ ES UN DIPLODOCO?

DIPLODOCO SIGNIFICA "DOBLE VIGA"

➡ Los huesos del diplodoco eran huecos. Esto significaba que pesaban menos de lo que pudieran haber pesado.

➡ El cerebro del diplodoco era pequeño, aproximadamente tan grande como el puño de un hombre.

➡ Los dientes del diplodocus tenían forma de lápices, situados únicamente al frente de la boca.

➡ El diplodoco tenía una garra en el primer dedo de cada pata delantera. Pudo haberla utilizado como defensa en contra de sus enemigos.

⬅ La cola del diplodoco era larga y muy delgada hacia el final. Los científicos creen que pudo haberla utilizado como un látigo para asustar a sus enemigos.

⬅ El diplodoco no podía masticar la comida. En lugar de ello, tragaba piedras, llamadas gastrolitos, para triturarla en su estómago.

⬅ Las marcas en restos de piel fosilizada muestran que el diplodoco tenía espinas en el dorso, como algunos reptiles modernos.

EL DIPLODOCO FUE UN DINOSAURIO QUE VIVIÓ HACE 145 A 155 MILLONES DE AÑOS, DURANTE EL **PERÍODO JURÁSICO**. SE HAN ENCONTRADO FÓSILES DE SU ESQUELETO EN NORTEAMÉRICA.

Los diplodoco adultos medían hasta 27 metros de largo (90 pies) y pesaban hasta 15.876 kilos (17,5 toneladas).

CABEZAS...

Para ser un animal tan grande, la cabeza del diplodoco era muy pequeña. Su cuello medía hasta 6 m (20 pies) de largo, pero no podía levantar la cabeza más allá de su espalda. Es probable que el diplodoco pasara buena parte de su tiempo comiendo helechos y árboles jóvenes que crecían cerca del suelo. A lo largo de los huesos huecos de su cuello había sacos de aire. Éstos se conectaban a sus pulmones y podían inflarse como globos. Ayudaban a mantener el cuello recto y firme.

Los grandes hoyos en el cráneo del diplodoco lo volvían muy ligero.

...Y COLAS

El diplodoco tenía una cola muy larga compuesta por más de 80 huesos. Su nombre "doble viga" viene de los huesos que se encuentran a lo largo de la parte inferior de la cola. Estos huesos (también conocidos como huesos cheurones) se encuentran en pares y tienen forma de vigas. Los científicos creen que los cheurones ayudaban al diplodoco a pararse sobre sus patas traseras. Los cheurones protegían la cola cuando ésta servía de apoyo para el dinosaurio.

Los huesos que le dan al diplodoco el nombre "doble viga", pueden observarse bajo los huesos de la cola.

El diplodoco tenía el largo cuello de una jirafa, el enorme cuerpo y las fuertes patas de un elefante y, para balancear su cuello, la cola de un canguro.

...MUY ALTO SOBRE EL PEQUEÑÍSIMO MAMÍFERO, UN DIPLODOCO PONE SUS HUEVOS.

ES DE UNA MANADA DE DIPLODOCOS. CADA AÑO LLEGAN Y PONEN SUS HUEVOS. CUANDO HAN PUESTO TODOS SUS HUEVOS, SE RETIRAN. NO ESPERAN A QUE LOS HUEVOS INCUBEN.

UNA JOVEN DIPLODOCO OBSERVA A LOS ADULTOS. ES DEMASIADO PEQUEÑA PARA SER PARTE DE LA MANADA. HA PASADO LOS ÚLTIMOS TRES AÑOS DESDE QUE SALIÓ DE SU HUEVO EN EL TERRENO DE ANIDACIÓN. UN DÍA, CUANDO SEA MÁS GRANDE, PODRÁ IRSE CON LA MANADA.

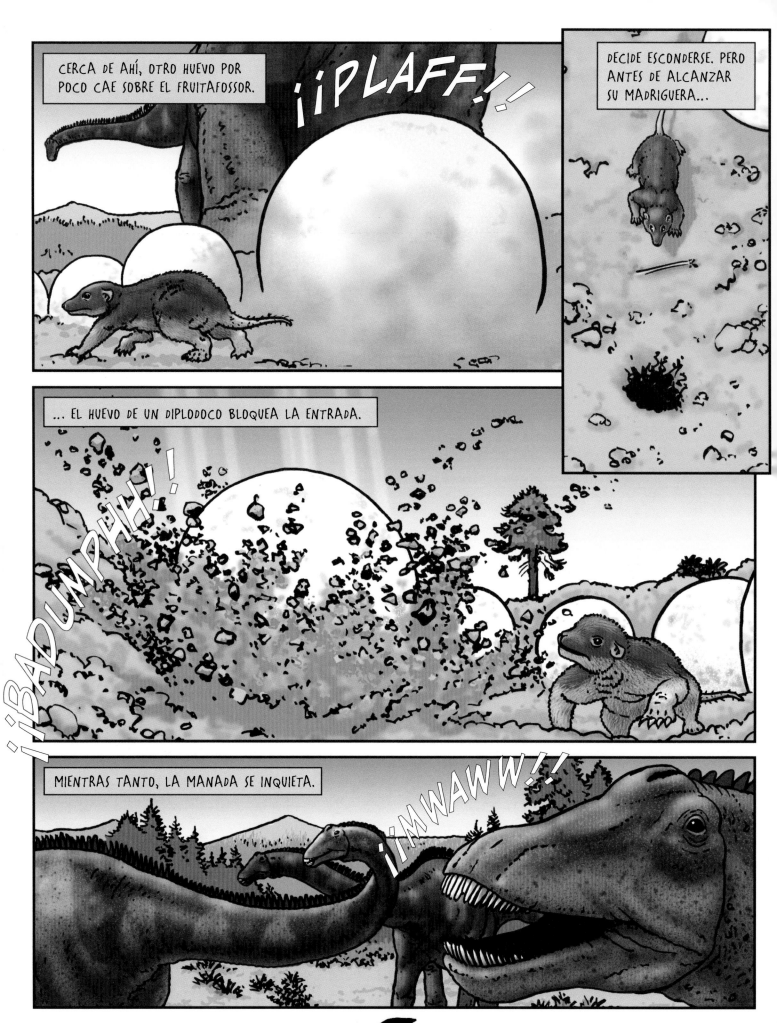

CERCA DE AHÍ, OTRO HUEVO POR POCO CAE SOBRE EL FRUITAFOSSOR.

¡¡PLAFF!!!

DECIDE ESCONDERSE. PERO ANTES DE ALCANZAR SU MADRIGUERA...

¡¡BADUMPHH!!

... EL HUEVO DE UN DIPLODOCO BLOQUEA LA ENTRADA.

MIENTRAS TANTO, LA MANADA SE INQUIETA.

¡¡MWAWW!!!

UN PAR DE ESTEGOSAURIOS HA LLEGADO AL TERRENO DE ANIDACIÓN. SI NO SE RETIRAN PODRÍAN DESTRUIR LOS HUEVOS.

LOS DIPLODOCOS ADULTOS INTENTAN ASUSTAR A LOS ESTEGOSAURIOS.

¡MWAWW!!

¡¡OUARR!!

¡¡BROAWW!!

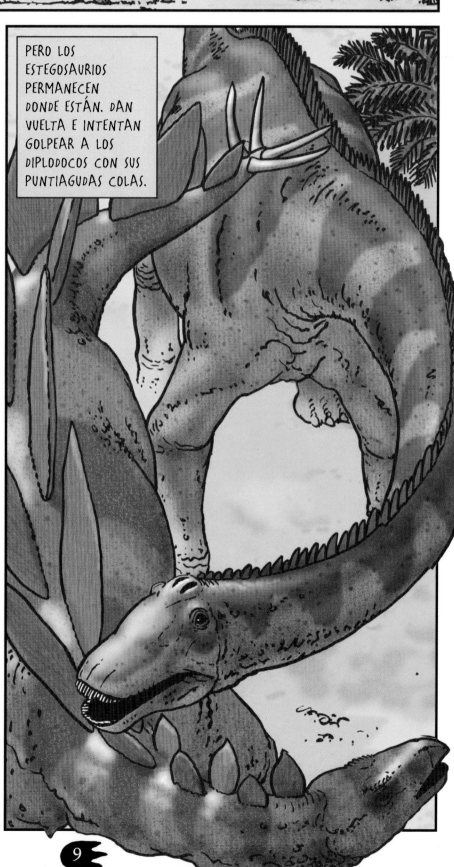

PERO LOS ESTEGOSAURIOS PERMANECEN DONDE ESTÁN. DAN VUELTA E INTENTAN GOLPEAR A LOS DIPLODOCOS CON SUS PUNTIAGUDAS COLAS.

LOS ESTEGOSAURIOS PIERDEN LA BATALLA EN CONTRA DE LOS DIPLODOCOS. DAN LA VUELTA Y CORREN...

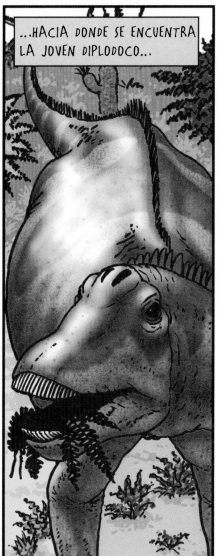

...HACIA DONDE SE ENCUENTRA LA JOVEN DIPLODOCO...

...QUE ESTÁ DESESPERADA POR SALIR DE SU CAMINO...

...ANTES DE SER PISOTEADA.

¡¡ARRRKK!!

EL FRUITAFOSSOR NO SE HA PERCATADO DE LA PELEA. ESTÁ OCUPADO INTENTANDO MOVER EL HUEVO QUE BLOQUEA LA ENTRADA A SU MADRIGUERA.

LOS TRES DINOSAURIOS CORREN DE PRISA POR EL TERRENO DE ANIDACIÓN.

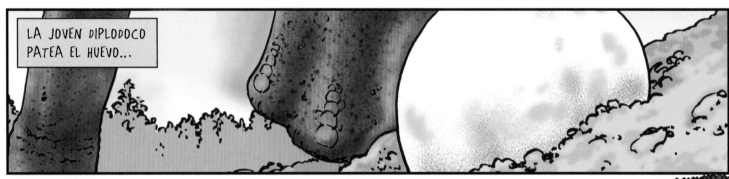

LA JOVEN DIPLODOCO PATEA EL HUEVO...

...Y LO HACE VOLAR A TRAVÉS DEL SUELO.

¡DUMPHH!

LA ENTRADA A LA MADRIGUERA ESTÁ ABIERTA NUEVAMENTE. ADENTRO SE ENCUENTRA LA FAMILIA DEL FRUITAFOSSOR. LA JOVEN DIPLODOCUS LOS HA LIBERADO.

LOS DOS ESTEGOSAURIOS SE ALEJAN DE LOS NIDOS. DEJAN ATRÁS A LA JOVEN DIPLODOCO SIN DAÑO ALGUNO Y LOS HUEVOS INTACTOS.

UNOS DÍAS DESPUÉS, LA TEMPORADA DE ANIDACIÓN SE TERMINA HASTA EL SIGUIENTE AÑO. LA MANADA DE DIPLODOCOS SE RETIRA HACIA NUEVOS TERRITORIOS PARA ALIMENTARSE. LA JOVEN DIPLODOCO AÚN ES MUY PEQUEÑA PARA IR CON ELLOS. QUIZÁ SU TURNO LLEGUE EL SIGUIENTE AÑO.

13

VECINOS

UNA BANDA DE DIPLODOCOS SE MUEVE LENTAMENTE POR EL BOSQUE. ÉTE ES HOGAR DE MUCHOS ANIMALES, NO SÓLO DE LOS DIPLODOCOS. ALGUNOS DE ELLOS SON INOFENSIVOS...

...OTROS NO LO SON.

LA EMBESTIDA DEL ORNITHOLESTES ES INESPERADA...

¡¡EEEAWWKK!!

...Y EXITOSA. HA CAPTURADO A LA CRÍA DE UN DIPLODOCO.

LA JOVEN DIPLODOCO HA VISTO EL ATAQUE. PERO EL CARNÍVORO NO LA ATEMORIZA.

YA TIENE CUATRO AÑOS Y ES LO BASTANTE GRANDE COMO PARA NO SENTIRSE AMENAZADA POR UN ORNITHOLESTES.

UN PAR DE GARGOLASAURIOS PASAN POR AHÍ, FORRAJEANDO HELECHOS EN SU CAMINO.

LE GRUÑEN Y BUFAN A LA DIPLODOCO, ADVIRTIÉNDOLE QUE MANTENGA SU DISTANCIA. ELLOS NO SON CARNÍVOROS, PERO LASTIMARÁN A LA DIPLODOCO CON SUS COLAS ACORAZADAS SI SE ACERCA DEMASIADO.

¡¡BRAWWKK!!

LA JOVEN DIPLODOCO LLEGA A UN CLARO EN EL BOSQUE.

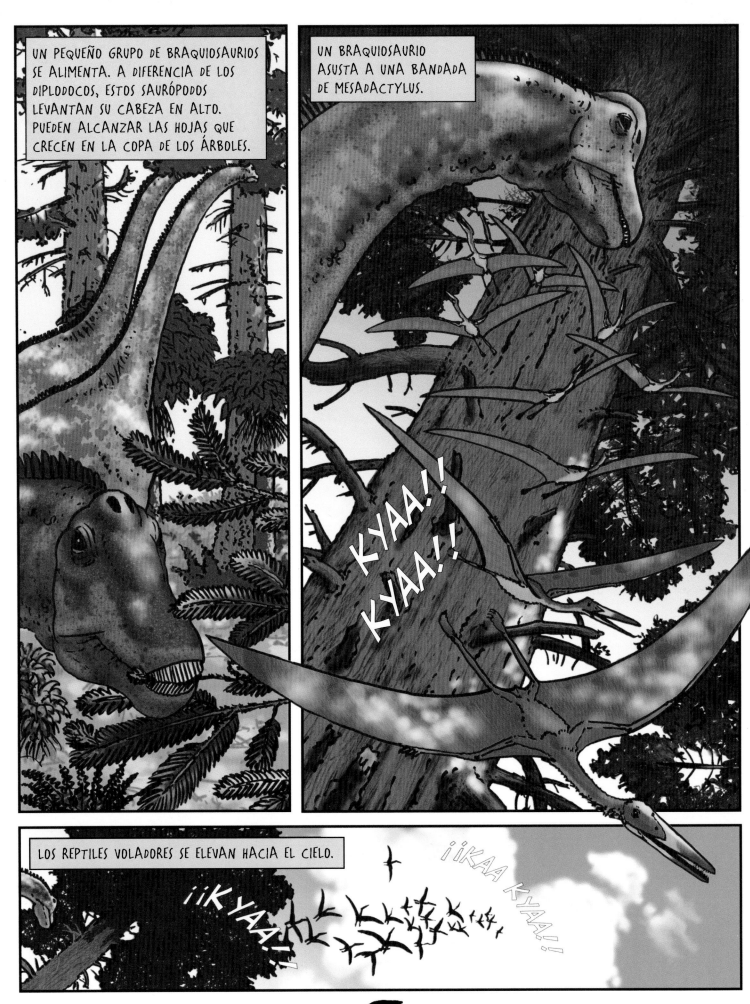

UN PEQUEÑO GRUPO DE BRAQUIOSAURIOS SE ALIMENTA. A DIFERENCIA DE LOS DIPLODOCOS, ESTOS SAURÓPODOS LEVANTAN SU CABEZA EN ALTO. PUEDEN ALCANZAR LAS HOJAS QUE CRECEN EN LA COPA DE LOS ÁRBOLES.

UN BRAQUIOSAURIO ASUSTA A UNA BANDADA DE MESADACTYLUS.

KYAA!! KYAA!!

LOS REPTILES VOLADORES SE ELEVAN HACIA EL CIELO.

¡¡KYAA!!

¡¡KAA KYAA!!

ALGUNOS DE LOS MESADACTYLUS VUELAN HACIA EL RÍO PARA CAPTURAR PECES.

OTROS DESCIENDEN HACIA EL BOSQUE...

...PARA CAZAR LIBÉLULAS.

17

LA JOVEN DIPLODOCO CAMINA DE VUELTA AL BOSQUE.

SIN PREVIO AVISO, UN GRUPO DE DRIOSAURIOS REVOLOTEA EN LAS SOMBRAS, SOBRESALTANDO A LA DIPLODOCO. ALGO LOS HA ASUSTADO.

¡¡ARRKK..!!

¡¡WARRKK..!!

HAY DINOSAURIOS MÁS GRANDES Y PELIGROSOS QUE LOS ORNITHOLESTES EN EL BOSQUE. LA DIPLODOCO SE ESCONDE...

...JUSTO A TIEMPO. UN CERATOSAURIO PASA CERCA DE ELLA. EL CARNÍVORO GRANDE PERSIGUE A LOS DRIOSAURIOS Y NO SE PERCATA DE LA DIPLODOCO QUE SE OCULTA.

DE PRONTO LAS PLANTAS A SU LADO COMIENZAN A AGITARSE. ¿HA REGRESADO EL CERATOSAURIO?

HUSSH

HUSSH

UN DIPLODOCO ADULTO ASOMA LA CABEZA ENTRE LOS ÁRBOLES PARA ALCANZAR LOS HELECHOS TIERNOS.

LA MANADA DE DIPLODOCOS HA LLEGADO.

ESTE AÑO CUANDO LA MANADA DEJE EL TERRENO DE ANIDACIÓN, LA JOVEN DIPLODOCO IRÁ CON ELLA.

LA MANADA HA LLEGADO A UN PEQUEÑO LAGO PARA BEBER. LA NIEBLA SE HA ASENTADO SOBRE EL AGUA Y LA JOVEN DIPLODOCO ESTÁ PERDIDA. LLAMA Y LA MANADA RESPONDE.

PERO EN LA NIEBLA, LOS CHILLIDOS PARECEN VENIR DE TODAS PARTES. ELLA NO SABE A DÓNDE DIRIGIRSE.

DISTINGUE UNA FIGURA. PODRÍA SER UN MIEMBRO DE LA MANADA.

SÓLO SON LOS HUESOS DE UN BRAQUIOSAURIO.

SIGUE SU CAMINO. HA PASADO MENOS DE UN AÑO DESDE QUE LA DIPLODOCO DEJÓ EL TERRENO DE ANIDACIÓN PARA SUMARSE A LA MANADA.

HA CRECIDO EN ESE TIEMPO, PERO AÚN NECESITA A LOS GRANDES ADULTOS PARA PROTEGERLA. SE SIENTE ATEMORIZADA CUANDO NO ESTÁN CERCA.

¡¡MWWAWW!!

UN RUIDO SOBRESALTA A LA DIPLODOCO.

¡PLOOSHH!

ALGO SE APROXIMA.

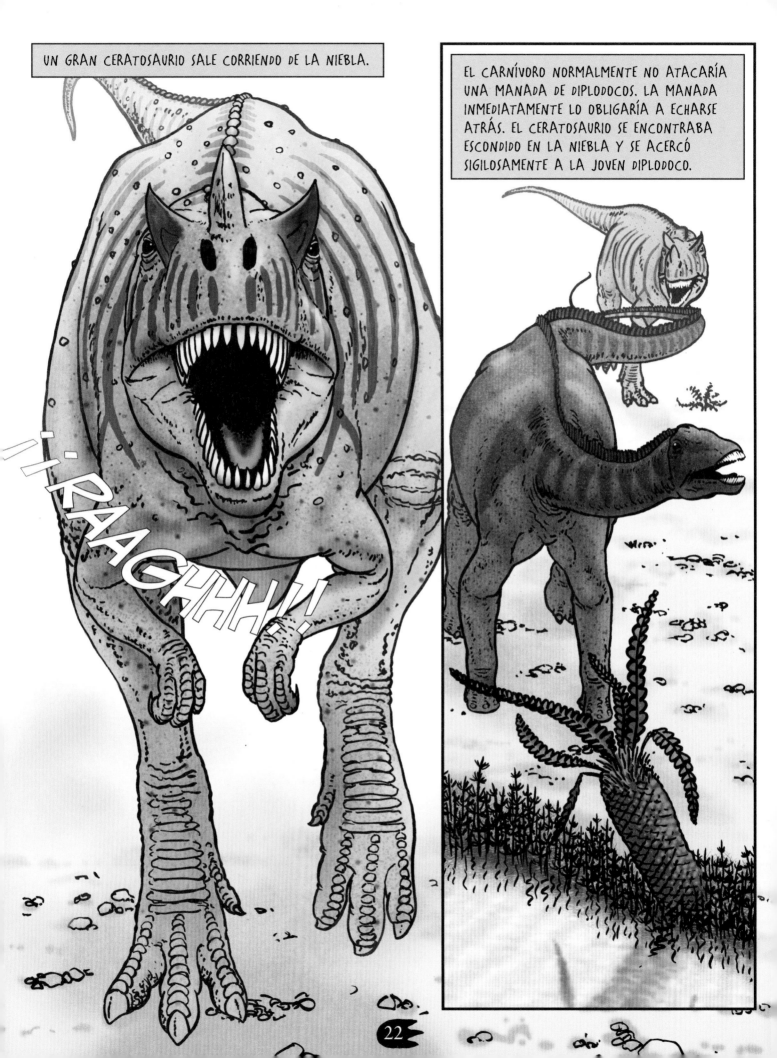

UN GRAN CERATOSAURIO SALE CORRIENDO DE LA NIEBLA.

¡¡RAAGHHH!!

EL CARNÍVORO NORMALMENTE NO ATACARÍA UNA MANADA DE DIPLODOCOS. LA MANADA INMEDIATAMENTE LO OBLIGARÍA A ECHARSE ATRÁS. EL CERATOSAURIO SE ENCONTRABA ESCONDIDO EN LA NIEBLA Y SE ACERCÓ SIGILOSAMENTE A LA JOVEN DIPLODOCO.

LA DIPLODOCO CORRE HACIA LOS HUESOS DEL BRAQUIOSAURIO.

ELLA NO ES VELOZ. CON CADA ZANCADA EL CERATOSAURIO SE ACERCA MÁS...

...Y MÁS.

EL CERATOSAURIO NO VE LOS ENORMES HUESOS DEL SAURÓPODO...

¡¡KERRACKK!!!

...HASTA QUE ES DEMASIADO TARDE.

¡¡DOOSHHH!!!

LA DIPLODOCO SE DETIENE. EL CARNÍVORO HA DEJADO DE PERSEGUIRLA.

UNA BRISA COMIENZA A DISPERSAR LA NIEBLA.

A SU ALREDEDOR ESTÁN LOS MIEMBROS DE LA MANADA. NUEVAMENTE ESTÁ A SALVO.

CUARTA PARTE

LA TRAMPA

¡LA MANADA ESTÁ SIENDO ATACADA! LOS DIPLODOCOS ADULTOS GOLPEAN CON SUS COLAS A DOS ALOSAURIOS. EL SONIDO RETUMBANTE QUE HACEN LAS COLAS ASUSTA A LOS CARNÍVOROS. LOS DIPLODOCOS ADULTOS SE ASEGURAN DE MANTENERSE ENTRE LOS ALOSAURIOS Y LOS JUVENILES..

¡¡KERRACK!!

LOS ALOSAURIOS TIENEN UN PLAN. DOS MACHOS ATACAN A LA MANADA POR DETRÁS.

CON LOS ADULTOS OCUPADOS, PODRÍAN DERRIBAR A UN JUVENIL MÁS DÉBIL.

MIENTRAS TANTO, LA JOVEN DIPLODOCO PERMANECE CERCA DE LOS ADULTOS. HA ESTADO CON LA MANADA MÁS DE UN AÑO, PERO AÚN ES DEMASIADO PEQUEÑA PARA DEFENDERSE POR SÍ SOLA CONTRA UN ALOSAURIO COMPLETAMENTE DESARROLLADO.

EN EL APURO POR ALCANZAR A LOS DIPLODOCOS, LOS ALOSAURIOS SORPRENDEN A UNA MANADA DE CAMPTOSAURIOS.

¡¡WARRKK!!

CORREN HACIA LOS DIPLODOCOS ENVUELTOS EN PÁNICO.

LOS CAMPTOSAURIOS Y LOS ALOSAURIOS SE LANZAN COMO FLECHAS A TRAVÉS DE LA MANADA DE DIPLODOCOS.

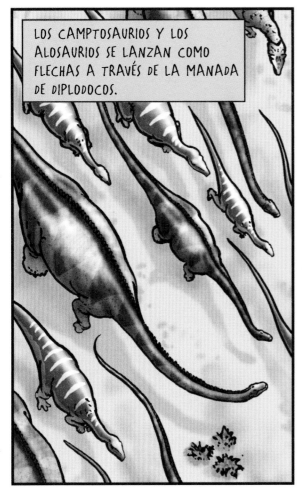

LA JOVEN DIPLODOCO SE ATEMORIZA Y COMIENZA A CORRER JUNTO CON LOS CAMPTOSAURIOS.

EN MEDIO DE LA CONFUSIÓN, UNO DE LOS ALOSAURIOS VE UNA OPORTUNIDAD PARA ATACAR.

EL ALOSAURIO ATACA.
SU VÍCTIMA ES UN CAMPTOSAURIO,
NO LA JOVEN DIPLODOCO.

¡¡WARRKK!!

LA FUERZA DEL ATAQUE DEL ALOSAURIO TIRA
A LOS DOS DINOSAURIOS EN UN PEQUEÑO CHARCO.

¡¡BDOOSH!!

EL ALOSAURIO RÁPIDAMENTE
MATA AL CAMPTOSAURIO Y
SE ALIMENTA. SIN EMBARGO,
EL CHARCO ES MÁS PROFUNDO
DE LO QUE PARECE.

EL SEGUNDO ALOSAURIO DESCUBRE
A LA JOVEN DIPLODOCO Y CORRE
TRAS DE ELLA. LA ALCANZARÁ
CON SÓLO UNAS ZANCADAS.

EL ALOSAURIO SE DETIENE REPENTINAMENTE.

HA VISTO A SU COMPAÑERO EN EL CHARCO CON EL CAMPTOSAURIO MUERTO.

DECIDE DEJAR IR A LA DIPLODOCO Y EN SU LUGAR TOMAR UNA PARTE DE LA PRESA CAZADA.

HAY UN LODO ESPESO Y PEGAJOSO BAJO LA SUPERFICIE CLARA DEL CHARCO. MIENTRAS MÁS SE ACERCA EL ALOSAURIO A SU COMIDA, MÁS SE HUNDE.

LOS DOS ALOSAURIOS SON SUCCIONADOS LENTAMENTE POR EL LODAZAL. NO PODRÁN ESCAPAR DE ESTA TRAMPA NATURAL PEGAJOSA. CERCA DE AHÍ, LA MANADA DE DIPLODOCOS CONTINÚA SU CAMINO. HA ASUSTADO A LOS ALOSAURIOS Y PROSIGUE EN SU INTERMINABLE BÚSQUEDA DE ALIMENTO.

LOS RESTOS FÓSILES

PRÁCTICAMENTE TODO LO QUE SABEMOS ACERCA DE LOS DINOSAURIOS ES GRACIAS A SUS RESTOS FÓSILES. LOS FÓSILES SE FORMAN CUANDO ALGUNAS PARTES DE UN ANIMAL O PLANTA QUEDAN ENTERRADAS Y SE CONVIERTEN EN ROCA A LO LARGO DE MUCHO TIEMPO. LOS CIENTÍFICOS QUE ESTUDIAN LOS FÓSILES SE LLAMAN PALEONTÓLOGOS.

Los huesos fosilizados no son los únicos fósiles que otorgan pistas sobre cómo vivían los dinosaurios. En ocasiones se encuentran huellas fosilizadas. Rastros hechos por saurópodos, tales como los diplodocos, muestran que se movían de un lugar a otro en manadas. Los jóvenes caminaban en medio, protegidos por los adultos que caminaban en las orillas. Los titanosaurios, otro grupo de saurópodos, ponían sus huevos en enormes terrenos de anidación. Las manadas de diplodocos probablemente ponían sus huevos de la misma manera. Los huevos de los saurópodos eran grandes. El huevo de saurópodo fosilizado que se muestra abajo mide 30 cm (12 pulgadas) de largo y 25 cm (10 pulgadas) de ancho. Además, eran muy duros. Una vez puesto, el huevo caería por lo menos 2.5 metros (8 pies) para llegar al piso.

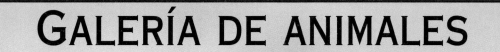

GALERÍA DE ANIMALES

TODOS ESTOS ANIMALES APARECEN EN LA HISTORIA.

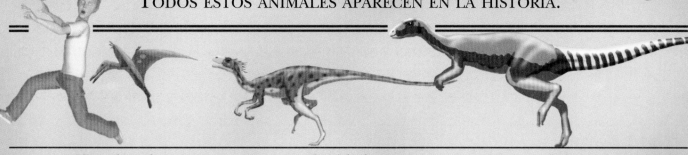

Mesadactylus
"Dedo de mesa"
Envergadura: 1 m (3 pies)
Pequeño reptil volador que comía peces, reptiles e insectos.

Ornitholestes
"Ladrón de aves"
Longitud: 2 m (6 pies)
Pequeño dinosaurio carnívoro que se movía rápidamente.

Driosaurio
"Reptil de roble"
Longitud: 3.5 m (12 pies)
Dinosaurio herbívoro llamado "reptil de roble" porque los dientes al interior de su mejilla parecían hojas de un roble.

Ceratosaurio
"Reptil con cuerno"
Longitud: 6 a 8 m (20 a 26 pies)
Dinosaurio carnívoro que pudo haber sido un buen nadador.

Estegosaurio
"Reptil con tejado"
Longitud: 9 m (30 pies)
Éste pudo haber utilizado las placas en su dorso para ayudar a controlar su temperatura.

Gargolasaurio
"Reptil gárgola"
Longitud: 4 m (13 pies)
Dinosaurio relativamente pequeño con una armadura que lo hacía pesar más de una tonelada (907 kg).

Camptosaurio
"Reptil con curvas"
Longitud: 8 m (26 pies)
Dinosaurio herbívoro que podía caminar y correr tanto en dos como en cuatro patas.

Braquiosaurio
"Reptil brazo"
Longitud: 25 m (82 pies)
Dinosaurio saurópodo que podía levantar su cabeza 13 m (42 pies) sobre el nivel del suelo.

Alosaurio
"Reptil diferente"
Longitud: 8,5 m (28 pies)
Dinosaurio carnívoro, principal predador de su tiempo, que pudo haber cazado en manada.

GLOSARIO

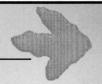

Desesperada Sentir que no hay esperanza.

Forrajeando Alimentarse de pasto u hojas, mordisqueando aquí y allá.

Fósiles Restos de seres vivos transformadas en rocas.

Juveniles Animales que no han terminado de crecer.

Madriquera El pequeño hogar de un animal, cavado en el suelo.

Período Jurásico Tiempo transcurrido que va desde 200 millones
hasta hace 145 millones de años.

Saurópodos Grandes dinosaurios herbívoros de cuatro patas, de largos
cuello y colas, así como cabezas pequeñas.

Terreno El sitio donde se llevan a cabo ciertos eventos.

ÍNDICE